Confía en el Señor con todo tu corazón no dependas de tu propio entendimiento.

Proverbios 3:5 (NTV)

Todo lo puedo en Cristo que me fortalece.
Filipenses 4:13
(RVR 1960)

En el principio creó Dios los cielos y la tierra.

Génesis 1:1
(RVR 1960)

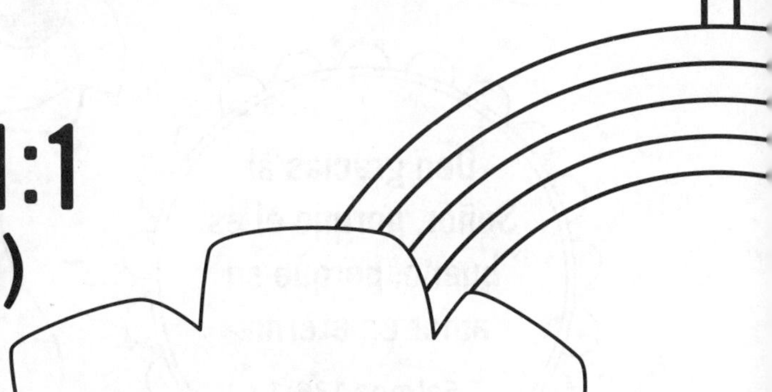

Den gracias al Señor, porque él es bueno, porque su amor es eterno.

Salmos 136:1
(DHH)

Te alabaré con todo mi corazón.

Salmos 138:1
(RVR 1960)

El fruto del
Espíritu es amor,
alegría, paz, paciencia,
amabilidad, bondad,
fidelidad, humildad y
dominio propio.
Gálatas 5:22
(NVI)

Porque el Señor da la sabiduría.

Proverbios 2:6
(NVI)

Confíen siempre
en el Señor, porque
el Señor Dios es
la Roca eterna.
Isaías 26:4
(NTV)

¡Aclamen con alegría al Señor, habitantes de toda la tierra!

Salmos 100:1 (NTV)

Te alabo porque
estoy maravillado,
porque es maravilloso
lo que has hecho.
¡De ello estoy bien
convencido!

Salmos 139:14
(DHH)

El Señor protege a los que en él confían; todas sus promesas son dignas de confianza.

Proverbios 30:5
(DHH)

¡Que todo lo que respira cante alabanzas al Señor!
Salmos 150:6 (NTV)

Los cielos
cuentan la
gloria de Dios,
Y el firmamento
anuncia la obra
de sus manos.

Salmos 19:1
(RVR 1960)

¡Que todo
lo que respira
alabe al Señor!
¡Aleluya!
Salmos 150:6
(NVI)

El testigo verdadero no mentirá;
Mas el testigo falso hablará mentiras.

Proverbios 14:5
(RVR 1960)

Yo instruiré a
todos tus hijos;
todos ellos tendrán
gran bienestar.

Isaías 54:13
(DHH)

En el día que temo, Yo en ti confío.

Salmos 56:3
(RVR 1960)

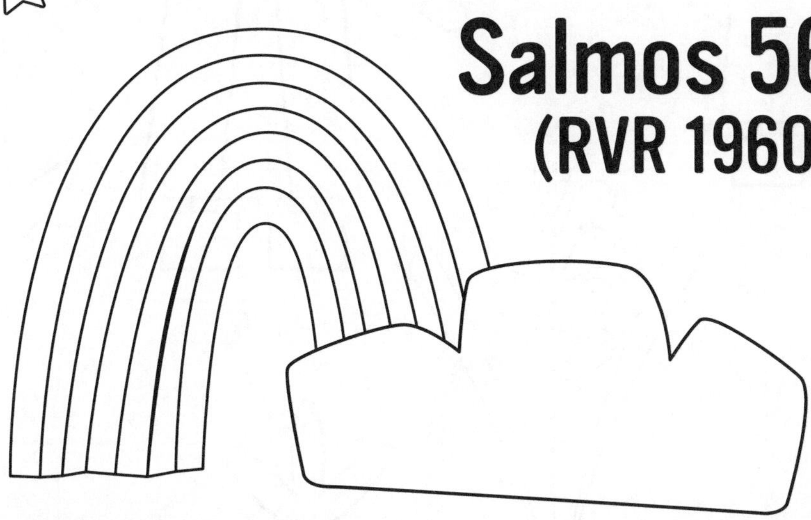

Alabad a Jehová, porque él es bueno; porque para siempre es su misericordia.

Salmos 107:1
(RVR 1960)

En mi
corazón
he guardado
tus dichos,
para no pecar
contra ti.

Salmos 119:11
(RVR 1960)

Porque yo conozco
los planes que tengo para
ustedes —afirma el Señor—,
planes de bienestar y no de
calamidad, a fin de darles un
futuro y una esperanza.

Jeremías 29:11
(NVI)

Aléjate de la maldad, y haz lo bueno; busca la paz, y síguela.

Salmos 34:14
(DHH)

¿Con qué
limpiará el
joven su camino?
Con guardar
tu palabra.
Salmos 119:9
(RVR 1960)

Ustedes no se preocupen, que el Señor va a pelear por ustedes.

Éxodo 14:14
(DHH)

I
II
III
IV
V
VI
VII
VIII
IX
X
Teme a Dios,
y guarda sus
mandamientos.
Eclesiastés 12:13
(RVR 1960)

Este es
el día que hizo
Jehová;
Nos gozaremos
y alegraremos
en él.

Salmos 118:24
(RVR 1960)

Que el Señor te bendiga y te proteja.

Números 6:24
(DHH)

Yo amo al Señor porque él escucha mi voz de súplica.

Salmos 116:1
(NVI)

¡Sé fuerte y valiente! ¡No tengas miedo ni te desanimes! Porque el Señor tu Dios te acompañará.

Josué 1:9 (NVI)

Tu palabra es
una lámpara
que guía
mis pies,
y una luz para
mi camino.

Salmos 119:105
(NTV)

Porque todo aquel que invocare el nombre del Señor, será salvo.

Romanos 10:13
(RVR 1960)

Y amarás a
Jehová tu Dios
de todo tu corazón,
y de toda tu alma,
y con todas
tus fuerzas.

Deuteronomio 6:5
(RVR 1960)

¡Alaben al Señor,
naciones todas!
¡Pueblos todos,
cántenle alabanzas!

Salmos 117:1
(NVI)

Ama a tu prójimo como a ti mismo.

Mateo 22:39
(NVI)

No temas, porque yo estoy contigo.
Isaías 43:5
(RVR 1960)

El Señor es mi pastor; tengo todo lo que necesito.

Salmos 23:1
(NTV)

Por sus acciones se conoce si un joven se conduce con rectitud.

Proverbios 20:11 (DHH)

Dios es amor;
y el que
permanece
en amor,
permanece
en Dios,
y Dios en él.

1 Juan 4:16
(RVR 1960)

Piensen en
las cosas del cielo,
no en las de la tierra.
Colosenses 3:2
(NTV)

Tu palabra es verdad.

Juan 17:17
(RVR 1960)

Porque por
fe andamos,
no por vista.

2 Corintios 5:7
(RVR 1960)

Así que la
fe es por el oír,
y el oír,
por la
palabra de
Dios.

Romanos 10:17
(RVR 1960)

Pero sin fe
es imposible
agradar a Dios.

Hebreos 11:6
(RVR 1960)

Por lo tanto,
mi Dios les dará
a ustedes todo
lo que les falte,
conforme a las
gloriosas riquezas
que tiene en
Cristo Jesús.

Filipenses 4:19
(DHH)

Cree en el Señor Jesús; así tú y tu familia serán salvos.

Hechos 16:31 (NVI)

La palabra de Cristo more en abundancia en vosotros.

Colosenses 3:16
(RVR 1960)

Jesucristo es el mismo ayer, y hoy, y por los siglos.

Hebreos 13:8
(RVR 1960)

Cree en el Señor Jesucristo, y serás salvo, tú y tu casa.

Hechos 16:31
(RVR 1960)

Pues Dios no nos ha dado un espíritu de temor y timidez sino de poder, amor y autodisciplina.

2 Timoteo 1:7 (NTV)

Háganlo todo para la gloria de Dios.

1 Corintios 10:31
(NTV)

Conocerán la verdad, y la verdad los hará libres.

Juan 8:32 (NVI)

Ustedes son la
luz del mundo.
Una ciudad en lo
alto de una
montaña no puede
esconderse.

Mateo 5:14
(NVI)

Porque de tal
manera amó Dios al
mundo, que ha dado a su
Hijo unigénito, para
que todo aquel que en
él cree, no se pierda, mas
tenga vida eterna.
Juan 3:16
(RVR 1960)

Yo estoy
con vosotros
todos los días,
hasta el fin
del mundo.

Mateo 28:20
(RVR 1960)

Y su mandamiento
es que creamos en su
Hijo Jesucristo, y que
nos amemos unos a otros
como él nos mandó.

1 Juan 3:23
(DHH)

Alégrense siempre en el Señor. Insisto: ¡Alégrense!

Filipenses 4:4
(NVI)

Porque no envió
Dios a su Hijo al mundo
para condenar al mundo,
sino para que el mundo
sea salvo por él.
Juan 3:17
(RVR 1960)

Bienaventurados los pacificadores, porque ellos serán llamados hijos de Dios.

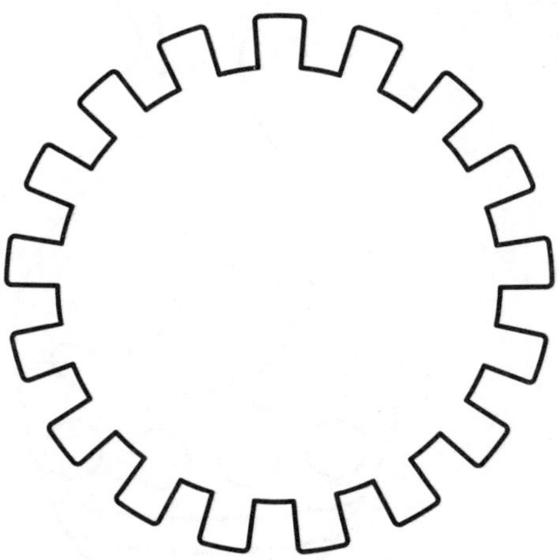

Mateo 5:9
(RVR 1960)

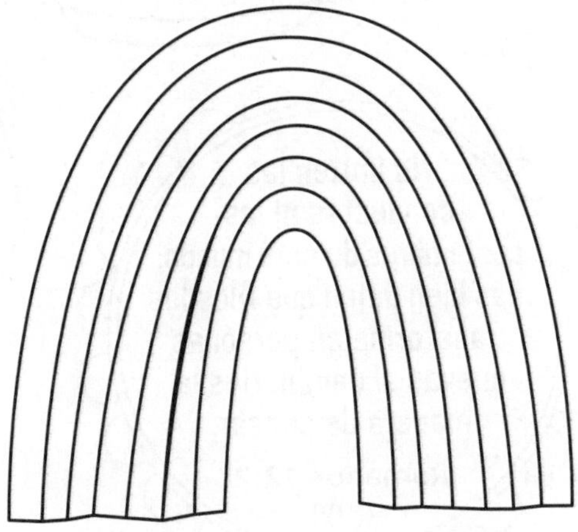

No imiten las conductas ni las costumbres de este mundo, más bien dejen que Dios los transforme en personas nuevas al cambiarles la manera de pensar.

Romanos 12:2 (NTV)

Pongan todas sus preocupaciones y ansiedades en las manos de Dios, porque él cuida de ustedes.

1 Pedro 5:7
(NTV)

Yo soy el
buen pastor;
el buen pastor su
vida da por
las ovejas.
Juan 10:11
(RVR 1960)

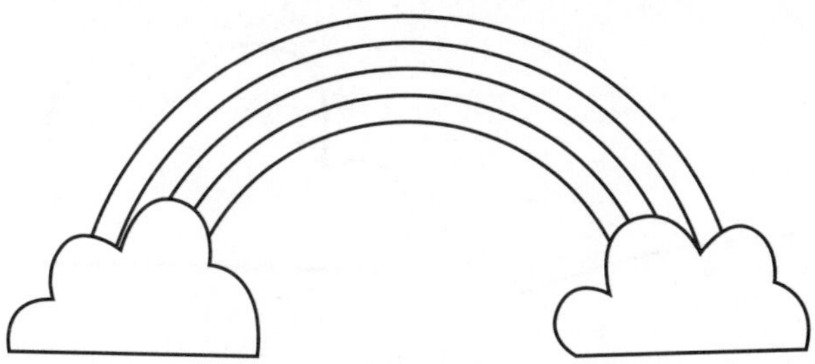

Nos amamos unos a otros, porque él nos amó primero.

1 Juan 4:19
(NTV)

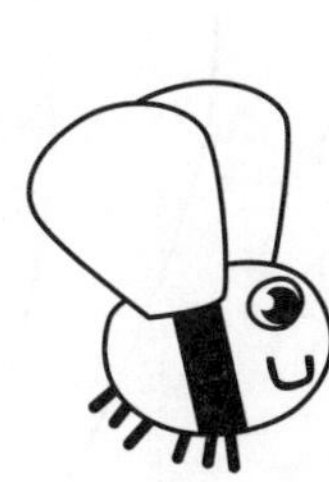

Sean más bien amables unos con otros, misericordiosos, perdonándose unos a otros, así como también Dios los perdonó en Cristo.

Efesios 4:32 (NBLA)

Oren en todo momento.

1 Tesalonicenses 5:17
(DHH)

**Jesús le dijo:
Yo soy el camino,
y la verdad, y la vida;
nadie viene al Padre,
sino por mí.**

Juan 14:6
(RVR 1960)

Jesucristo es el mismo ayer, y hoy, y por los siglos.

Hebreos 13:8
(RVR 1960)

Den gracias
a Dios en toda situación,
porque esta es su
voluntad para ustedes
en Cristo Jesús.

1 Tesalonicenses 5:18
(NVI)

Traten a los demás tal y como quieren que ellos los traten a ustedes.

Lucas 6:31
(NVI)

Jesús le dijo:
Yo soy la
resurrección y la vida.
El que cree en
mí vivirá.
Juan 11:25
(NTV)

Jesús dijo:

Dejen que los niños
vengan a mí,
y no se lo impidan,
porque el reino
de los cielos es
de quienes son
como ellos.

Mateo 19:14
(DHH)

No hay para mí
mayor alegría que
saber que mis hijos
viven de acuerdo
con la verdad.
3 Juan 1:4
(DHH)

Por lo tanto, imiten a Dios en todo lo que hagan porque ustedes son sus hijos queridos.

Efesios 5:1
(NTV)

Hijos,
obedezcan
siempre a sus padres,
porque eso agrada
al Señor.
Colosenses 3:20
(NTV)